pílulas de
ESPERANÇA

ANDREI MOREIRA
Espírito
Dias da Cruz

órgão editorial
Associação Médico-Espírita de Minas Gerais

pílulas de ESPERANÇA

InterVidas

Catanduva, SP · 2025

DEDICATÓRIA

Dedico estas pílulas de esperança aos pacientes do Hospital Espírita André Luiz, em cujo coração reside a presença amorosa do Pai, aguardando campo propício para a sua expressão.

Que estas linhas sejam gotas de água da vida a nutrir o solo tantas vezes árido da experiência, funcionando como medicação abençoada para a alma, despertando em cada qual um pouco da percepção do amor profundo de Deus que os sustenta e conduz.

GRATIDÃO
ANDREI MOREIRA

Todo trabalho mediúnico é trabalho de equipe. O resultado final pertence não só ao Espírito que dita a obra ou ao médium que a transmite, mas a todos que vibram e sustentam a corrente mediúnica que possibilita a qualidade e a profundidade do transe, bem como a segurança do trabalho.

Nossa profunda gratidão aos trabalhadores das reuniões de desobsessão da Associação Médico-Espírita de Minas Gerais (AMEMG) e de passes específicos, que se realizam no Hospital Espírita André Luiz, bem como aos que fazem parte do Grupo de Psiquiatria e Espiritismo da AMEMG. Nessas reuniões se realizou a escrita desta obra em final de 2012 e início de 2013.

SUMÁRIO

P — PREFÁCIO — 20

1 — PÍLULAS DE ESPERANÇA — 24

2 — CIRURGIA DA ALMA — 28

3 — IMPERMANÊNCIA — 32

4 — RENOVAÇÃO — 36

5 — ALEGRA-TE COM AS LUTAS — 40

6
AMA COM ESPONTA-NEIDADE
44

7
CHAMADO AO TRABALHO
48

8
COMUNHÃO COM DEUS
52

9
DEDICA-TE AO BEM
56

10
DEPENDE APENAS DE TI
60

11
ESTÁS AMPARADO
64

12
EVOLUÇÃO E AMOR
68

13
FÉ E PACIÊNCIA
72

14
HOMEM NOVO
76

15
HONRA A TEU PAI E A TUA MÃE
80

16
NÃO TE APEGUES A NADA

17
AUTOPERDÃO
88

18 SEJA UM INSTRUMENTO DA VIDA
92

19 PACIÊNCIA: CIÊNCIA DA PAZ
96

20 O CORPO: TEMPLO DA ALMA
100

21 O VALOR DAS PEQUENAS COISAS
104

22 PACIÊNCIA: MEDICAÇÃO PARA A ALMA
108

23 PENSAMENTO E SAÚDE
112

24
VIGIAI E
ORAI
116

25
SEU BRILHO
PESSOAL
120

26
TUAS
EMOÇÕES
124

27
RENO-
VAÇÃO:
LEI DA
NATUREZA
128

28
SILENCIA
E AGE
132

29
TRABALHO:
CAMINHO
DE SAÚDE
136

30 SORRIA PARA A VIDA
140

31 MEDICAÇÕES SÃO BÊNÇÃOS DE DEUS
144

32 CULPA E AUTOPERDÃO
148

33 GRATIDÃO E CONFIANÇA
152

34 HOJE É UM NOVO TEMPO
158

35 CAMINHO PARA A CURA
162

PREFÁCIO

recebe em teu coração estas pílulas de esperança que te ofertamos qual medicação para a alma, extraídas da observação da natureza e da psicologia do homem, aliadas ao conhecimento espiritual

P

O evangelho é manancial de riquezas que oferta ao homem uma gama enorme de recursos de saúde, paz, harmonia e plenitude interior. Ele representa a síntese perfeita das leis que regem a vida, a serviço da evolução, sob o comando da divina sabedoria e do excelso amor.

Recebe em teu coração estas pílulas de esperança que te ofertamos qual medicação para a alma, extraídas da observação da natureza e da psicologia do homem, aliadas ao conhecimento espiritual. Que elas te sirvam como estímulo para encontrares um recanto de paz em teu coração, onde vibre a presença do Pai na forma do amor capaz de te aquecer a alma e plenificá-la nos caminhos da vida.

São mensagens curtas de coragem, lenitivo e instrução grafados em nome da fraternidade universal, no afã de semear esperança e espargir a paz que o evangelho nos recomenda.

Medita-as no silêncio da tua alma, permitindo que aqueles que te amam possam inspirar-te em nome de Deus os recursos de solução para teus conflitos e dores, por meio do estímulo das forças divinas, a tua verdadeira natureza.

PÍLULAS DE ESPERANÇA

ingere todo dia pílulas sagradas de esperança, por meio da fé

1

A fim de alcançar o estado de equilíbrio psicossomático, ergue em tua alma um altar à esperança.

A cada dia novas circunstâncias surpreendem a vida do homem sob as ordens da divina sabedoria, modificando panoramas, condições, realidades e corpos, a serviço da vida.

Ciente de que há uma ordem regendo o universo que se expressa por meios das leis perfeitas estatuídas pelo Criador, entrega a Ele seus sonhos e desejos, medos e temores a fim de que Seu amor o transforme em luz para tua alma, com o serviço abençoado do tempo.

Ingere todo dia pílulas sagradas de esperança, por meio da fé, e ordena às tuas células que se reajustem, a partir do reajuste de teus pensamentos e sentimentos, em ressintonização com o amor. •

CIRURGIA DA ALMA

aprofunda a incisão do bisturi do autoconhecimento, até que atinja as camadas mais essenciais de teu ser

2

Se aspiras à paz de profundidade, procede à cirurgia moral em tua vida interior, buscando extirpar de ti os elementos que o adoecem e o perturbam.

Aprofunda a incisão do bisturi do autoconhecimento, até que atinja as camadas mais essenciais de teu ser.

Busca separar na análise de ti mesmo aquilo que procede da ação e o que provém da reação, a partir do estudo de tuas posturas e da percepção dos padrões que as originam.

Organiza tuas crenças exonerando da vida mental as mentalizações limitantes que o prendem a círculos de repetição sem fim.

Infunde em tua alma o soro da esperança e o bálsamo da confiança com que se entregue à divina sabedoria, aguardando no tempo a resolução daquilo que não compete a ti.

Fecha as feridas de teu coração com o cuidado dos curativos diários da paciência, ternura, compaixão e amorosidade que te conectem permanentemente ao autoperdão e ao perdão ao próximo, estabelecendo a paz em ti.

Ingere, todos os dias, as pílulas do afeto, da generosidade e da fraternidade, percebendo para além de ti mesmo as dores que te cercam a existência a fim de ampará-las, minimizando-as com a tua dedicação amorosa, a partir da ativação das potências da alma que te inundam a essência.

Assim procedendo, encontrarás descanso para sua alma e paz para seus dias na permanente força estuante do amor que cura e restaura, reconectando-o com a presença de Deus em ti.

IMPER-MANÊNCIA

tudo evolui, modifica, se renova; a impermanência é a realidade na intimidade do homem e ao seu redor; tudo passa

3

Veste-se o dia de esperança, na forma de renovação, todas as manhãs, convidando o homem à construção de novas realidades.

Modificam-se os calendários e fecham-se os ciclos na convenção do tempo, anunciando a eterna continuidade da vida. Tudo evolui, modifica, se renova. A impermanência é a realidade na intimidade do homem e ao seu redor. Tudo passa.

Somente a conexão com o Pai, Fonte Infinita, é eterna. E essa conexão é essencialmente criativa, ordenadora, construtiva e agregadora. Dela resultam as obras mais felizes que atendem às necessidades do homem, de acordo com o momento e as percepções pessoais e coletivas. Dela flui a inspiração e a sabedoria, promovendo a alegria de viver e existir, como parte da imensa criação perfeita do Universo.

Trilhar um caminho de encontro com Deus em si é passo essencial para a saúde da alma. Somente quando o coração está em Deus e com Deus, fluem da criatura as percepções mais sábias e o entendimento mais perfeito da vida.

Entrega-te, pois, a Ele, se desejas paz, saúde e alegria, sem nada exigir.

Assim como o dia se renova e o tempo prossegue, também prosseguirás evoluindo e crescendo, amando e servindo, encontrando a essência grandiosa da vida, no tempo, por meio da linguagem inarticulada da Voz de Deus em seu próprio coração.

Acalma a tua alma, confia e prossegue.

Deus reserva-te sempre o melhor. •

RENOVAÇÃO

prossegue confiante, guardando na fé a renovação precisa de teus horizontes

4

Percebe o dia que se anuncia belo após a longa noite escura, e entenda o processo que a natureza anuncia. A todo instante a renovação se apresenta em cada etapa, prenunciando transformação contínua e renovação de vida.

Não te detenhas na lamentação das dificuldades, das provas ou dos desafios, da renúncia que te impelem a alma. Prossegue confiante, guardando na fé a renovação precisa de teus horizontes, que se alargam como fruto da disciplina e autocontrole, renovação e ampliação de consciência, empreendidos em tempos de dificuldades.

Muitas vezes a dor se faz mestra e conselheira, promovendo o movimento necessário para o reencontro consigo mesmo e a reconexão com a lei divina, mas somente o amor coroa o aprendizado e o progresso, por ser ele a síntese das leis universais e a expressão direta do Criador.

Liberta-o, portanto, de ti mesmo, e ao fazê-lo, verás raiar o sol da alegria e da vitalidade em tua alma, promovendo um novo tempo e uma nova colheita.

ALEGRA-TE COM AS LUTAS

abençoa as tuas lutas e extrai delas o sabor que gera saber, desapegando-te do sofrimento e acolhendo na alma o merecimento para ser feliz

5

Alegra-te com tuas lutas redentoras. A vida não é fardo que se carrega, mas uma escola abençoada de progresso e aperfeiçoamento que o Pai oferta a suas criaturas.

Luta proveitosamente fechando os ciclos que lhe forem possíveis, extraindo de cada lição o abençoado ensinamento e aprendizado que podes conquistar, sem que a vida tenha que lhe trazer novamente as mesmas circunstâncias na repetição das experiências redentoras.

Quando focado no bem que se pode conquistar, o Espírito compreende que cada percalço é convite à luta de autoencontro e autossuperação. Analisa, pois, se os obstáculos da vida lhes são impostos por aquilo que opera fora de ti, ou pelos bloqueios internos de autoboicote, autopunição, ou ainda pela rebeldia intransigente que não aceita a ordenação da vida.

Se estiveres atento à inspiração de Deus em ti mesmo, reconhecerás o que for possível, e aquilo que não lhe compete, a vida o fará.

Abençoa, pois, as tuas lutas e extrai delas o sabor que gera saber, desapegando-te do sofrimento e acolhendo na alma o merecimento para ser feliz.

AMA COM ESPONTANEIDADE

*ama com espontaneidade e liberdade,
não para que tenhas de volta
o amor que ofertas*

6

A maioria das criaturas mais reage do que age com relação ao mundo, ao sabor dos estímulos exteriores que as comandam. Mimetizam sentimentos e emoções de acordo com o estado emocional que encontram naqueles com os quais convivem, sem espontaneidade e naturalidade.

Se desejas saúde e equilíbrio, caminha decididamente para a individuação, encontrando a sua expressão pessoal e amando a singularidade dos teus caminhos no mundo.

Não guardes em tua alma o amor que te preenche o coração. Antes, inunda a vida com aquilo que de melhor tenhas a ofertar, contagiando aqueles que ainda não se sentem livres para amar espontaneamente para o bem comum.

Ama com espontaneidade e liberdade, não para que tenhas de volta o amor que ofertas, visto que o retorno é lei natural, mas para que te reconheças repleto e abençoado com sua singularidade, amando porque tens para dar e decides partilhar o muito que a vida tem te ofertado, com gratidão e generosidade.   •

CHAMADO AO TRABALHO

o discípulo do evangelho chamado a amar e servir deve oferecer o melhor de si em tudo que faça ou venha a ser chamado a fazer, em nome do bem.

7

Quando o chamado para o trabalho encontra a vida do servidor, abrem-se as possibilidades de amparo e serviço à comunidade, mas, sobretudo, ao próprio trabalhador que aprende a amealhar recursos em prol da atenção à convocação divina.

O chamado aos deveres não aparece para a criatura que já se encontra pronta ou preparada, mas se apresenta para aquela que está lúcida e desejosa de servir, qual a trombeta que soa conclamando os guerreiros à luta. Ao soar a trombeta, o guerreiro não se encontra envolto com as armas de que se utiliza, mas ao ser chamado à batalha, move-se e recolhe os recursos atendendo à ordenação do que se deve utilizar para a refrega.

Não é diferente na vida do discípulo do evangelho chamado a amar e servir, que deve buscar capacitar-se com os recursos adequados e munir-se das condições exatas para oferecer o melhor de si em tudo que faça ou venha a ser chamado a fazer, em nome do bem.

A vida instrumentaliza aqueles que servem de boa vontade e investe no coração e na felicidade dos que amam e trabalham, esquecendo-se de si mesmos para socorrer e amparar, confortar e instruir os seus irmãos em caminhada.

COMUNHÃO COM DEUS

por meio da prece abrem-se os canais celestes na direção do homem, banhando-o de estímulos renovadores para a lutas

8

8

A prece é divino manancial de forças e vigor disponível para todas as criaturas que abrigam na alma a humildade necessária para se reconhecerem necessitadas e se abrirem para o amparo celeste. Por meio da prece abrem-se os canais celestes na direção do homem, banhando-o de estímulos renovadores para a luta.

No entanto, se o divino influxo do amor encontra a intimidade do homem repleta de mágoas, ressentimento e violência, desfaz-se o vínculo inicial e os benefícios da oração têm pouco efeito no ser. Por isso o evangelho afirmou, com clareza, a necessidade de reconciliação com o irmão antes de se colocar a oferta no altar.

Os recursos de misericórdia estão disponíveis para todos, mas requerem de cada um o serviço natural da higienização da vida interior, pela renovação moral e pelo crescimento íntimo.

Ora antes, portanto, requisitando a Deus as forças para abandonar o vitimismo e as mágoas reiteradas, olhando o outro não como algoz, mas como parceiro de infortúnio, o qual deve respeitar e amar, assim como desejas ser respeitado e amado pela vida.

DEDICA-TE AO BEM

pensa no bem e age no bem, e o bem se fará fonte de luz e paz para tua vida

9

Dedica-te ao bem com generosidade, ocupando tuas horas e os dias com esforços salutares que gerem benefícios a todos. Não nos referimos aqui somente à dedicação do voluntariado útil que distribui alegrias, mas à produtividade que nasce da sintonia da alma com o coração e com o que se tem a ofertar para a vida.

Quando sintonizado consigo mesmo, o Espírito se conecta também ao universo, permitindo que fluam as potencialidades sob o comando da inspiração. Assim, fala no bem, pensa no bem, age no bem, porque o bem alimenta-te o coração e te motiva a existência, dando a ela sentido e significado profundos.

Conecta-te a ti mesmo, em profundidade, e oferta à vida o bem que possas produzir, embelezando o jardim da existência com teu perfume singular.

A felicidade é patrimônio daqueles que aprendem a receber e a ofertar, com generosidade, sem exigir.

Pensa no bem e age no bem, e o bem se fará fonte de luz e paz para tua vida.

DEPENDE APENAS DE TI

*olha para ti mesmo com honestidade e decide
o ritmo de tua conquista e felicidade;
afinal de contas, depende apenas de ti*

10

Se desejas saúde da mente, do corpo e da alma, aprende a olhar para dentro de ti com segurança e respeito.

Ingere todo dia uma dose de autenticidade e encara as construções em torno de teus passos, erguidas por tuas mãos ao longo da caminhada, sem te deteres nas culpas paralisantes ou no remorso destrutivo.

Invista-te de poder real — o do afeto —, e recolhe no autoamor a ferramenta essencial para o autoencontro e a autossuperação. A vida é permanente oportunidade de renovação, reparação e crescimento, e todos fatalmente chegarão ao porto seguro do amor divino, mais cedo ou mais tarde.

Olha para ti mesmo com honestidade e decide o ritmo de tua conquista e felicidade.

Afinal de contas, depende apenas de ti. ●

ESTÁS AMPARADO

*a fraternidade é lei universal e todo
filho de Deus é digno de investimento
e estímulos, socorro e aconchego*

11

Confia no amparo que verte do Alto em direção à tua vida.

Nenhuma criatura está abandonada ou só no mundo nas lutas abençoadas e educativas. Todos se encontram sustentados por mãos amigas e amorosas que os revigoram e protegem, inspiram e socorrem. Não creia que a culpa e os equívocos do caminho te façam menos digno perante o amor do Pai.

Não estás amparado porque mereças, mas porque a fraternidade é lei universal e todo filho de Deus é digno de investimento e estímulos, socorro e aconchego, independentemente da forma como se posicione perante si mesmo e o próximo.

Naturalmente, o que fazes atrai aquilo que contigo se sintoniza, e a depender de tuas escolhas, quando afastadas do bem, podes não perceber o carinho e o afeto dos que te amam, permanecendo sob o jugo, por vezes impiedoso, da sintonia com as sombras. No entanto, ainda aí, estás debaixo da misericórdia divina, sempre atenta a teu posicionamento e redecisões morais. E aqueles que te amam, permanecem ao redor de ti, desejosos de inspirar-lhe o melhor no caminho de reeducação espiritual.

Ciente dessa realidade, abriga em tua alma o acolhimento desse amparo celeste, abrigando a esperança como força e combustível para teus atos e, pouco a pouco, por meio da renovação dos teus pensamentos e ações, perceberás que, desde sempre, o amor tem te carregado nos braços em direção do Pai.

EVOLUÇÃO E AMOR

cumpre teu papel cocriador, servindo à vida maior e à vontade soberana do Senhor

12

Assim como o fruto maduro cai no solo após o período de maturação do tempo, germinando a vida com sua essência e conteúdos mais perfeitos, multiplicando-os, também o Espírito, centelha divina, ao amadurecer a consciência de Deus em si, fertiliza o solo da vida por meio do servir, distribuindo esperanças e virtudes a partir do melhor que há em sua intimidade, permitindo que a beleza do Pai em si se perpetue, contagiando outros por meio do contato com o divino que os gerou, nutre e mantém.

O Espírito imortal, filho de Deus, viaja a eternidade a partir do instante primeiro em busca da fonte de infinito poder que lhe deu origem. Paulatinamente, vai reconhecendo-a em tudo e em todos, sobretudo em si mesmo, fazendo com que o amor, em suas múltiplas expressões, seja seu instrumento de ação no mundo, nutrição, esforço e poder.

Assim, cumpre teu papel cocriador, servindo à vida maior e à vontade soberana do Senhor que te guia e instrui, fortalece e aperfeiçoa, construindo o reino de Deus na intimidade do próprio coração, e vivenciando o estágio de céu ou bem-aventurança tão proclamado pelas criaturas e filosofias cristãs. •

FÉ E PACIÊNCIA

*entrega-te a Ele, com fé e
paciência, e o mais Ele fará*

13

Quando a provação te visite a alma apresentando-te renúncias, sacrifícios e esforço, guarda a fé na intimidade do coração abrigando na alma a esperança e a paciência.

Há movimentos interiores essenciais, que se fazem no tempo, que talvez ainda necessitem ser executados a fim de venceres os desafios do momento.

Guarda a certeza de que todos que te rodeiam se sustentam e gravitam em torno de teu campo magnético e abençoa neles as tuas características, sonhos e desejos.

Todos se ajudam na humanidade como criaturas divinas, imperfeitas, a caminho da expressão mais íntegra da presença do Pai.

A qualquer momento a misericórdia divina pode alterar o panorama terrestre e surpreender-te com as circunstâncias.

Entrega-te a Ele, com fé e paciência, e o mais Ele fará.

HOMEM NOVO

aprende a entregar-te à luta abençoada do autodomínio e da autossuperação, a fim de que também em ti o Senhor consolide os valores cristãos, fazendo-te homem novo para a vida eterna

14

Se as lutas da vida te amedrontam e assustam, busca no evangelho o divino roteiro.

Perante o mar dos conflitos e das lutas sem tréguas, ameaçando o naufrágio, lembra-te de Pedro e aprende com ele a não retirar de Jesus o olhar e o sentimento.

Se o fogo das paixões te incendeia por fora e o vazio existencial te queima por dentro, recorda Maria, a cortesã renovada, e aprende com ela a buscar em Jesus o socorro.

Se a pequenez te atormenta na culpa ou no remorso, lembra-te de Zaqueu e aprende com ele a descer das defesas psicológicas para a ceia interior com o Mestre.

Aqueles que foram tocados pelo amor de Jesus não são diferentes de ti, e assim como o coração deles foi renovado pelo fogo purificador do amor do Cristo, aprende a entregar-te à luta abençoada do autodomínio e da autossuperação, sem as exigências descabidas da santidade imediata, nem a conivência do erro já consciente, a fim de que também em ti o Senhor consolide os valores cristãos, fazendo-te homem novo para a vida eterna. •

HONRA A TEU PAI E A TUA MÃE

honra teus genitores, fazendo de tua vida um exercício de amor sadio e produtividade para o bem comum, e encontrarás alegria para tua alma

15

15

Honra todo dia as fontes sagradas da vida que te geraram e agasalharam no instante primeiro. Pode ser que teus pais não tenham sido aqueles que você achava que deveriam ser, ou tenham se comportado de modo a feri-lo de alguma sorte. Eles também são humanos.

No entanto, foi por meio deles que recebeste o vaso sagrado que te abriga o corpo abençoado no qual estagias, em direção à harmonia e à paz, expressando a vida dada por Deus a ti. E isso os torna dignos eternamente.

Olha com amor para teus genitores, honrando-os com tua gratidão, e deixa que a força sagrada de sua grandeza te abasteça.

Desiste de toda crítica e julgamento, abrigando em tua alma somente o louvor e o reconhecimento. Não és vítima de nada nem de ninguém, e se te encontras vivo, deves isto àqueles que foram instrumentos de Deus para ti.

Honra-os, pois, fazendo de tua vida um exercício de amor sadio e produtividade para o bem comum, e encontrarás alegria para tua alma.

NÃO TE APEGUES A NADA

não te apegues a nada com senso de propriedade ou dependência afetiva; a impermanência é lei divina e as relações se transformam

16

Na observação da natureza, o homem encontra a sabedoria da divina inteligência, que estruturou a vida em permanente movimento de renovação. Nada permanece como está por longo tempo, tudo se transforma ao sabor das forças multivariadas que comandam os ciclos biológicos e a interação entre os seres, renovando a vida e gerando produtividade, força e luz.

Não te apegues a nada com senso de propriedade ou dependência afetiva. A impermanência é lei divina e as relações se transformam ao sabor das fases da vida de cada um, bem como o corpo sofre modificações, atendendo aos impositivos da lei biológica que obedecem aos ciclos da vida, fazendo com que tudo permaneça em constante mutação.

Para que tenhas saúde emocional, reveste-te de amor pelas coisas, pessoas e circunstâncias, permitindo que elas passem em tua vida recebendo de ti o melhor, sem encontrarem em tuas palavras, gestos ou intenções as algemas que aprisionam e aniquilam a vontade e o direito de ir e vir.

Se souberes honrar esse movimento natural de renovação, tua alma perceberá que a única realidade permanente que não se perde ou transforma é o amor que despertares, compartilhando afeto e semeando bênção em nome de Deus.

Fazendo assim, manterás tua mente e teu corpo em sadia sintonia com as forças naturais que governam a vida, com a aceitação e presença, pertencimento e ordem a serviço do amor. •

AUTOPERDÃO

*olha com amorosidade para a tua alma
e, sem desdenhar tuas responsabilidades,
aceita que o caminho do autoencontro
é o do amor e não o da dor*

17

O autoperdão é condição essencial para a cura do corpo e da alma. **Ninguém está isento das culpas naturais dos caminhos evolutivos.** Todos caem, levantam-se e recomeçam, buscando acertar mais e mais. Nesse processo de nada adianta a autopunição perante as faltas, ou as lamentações improdutivas carregadas de vitimismo e comiseração pessoal.

Muitos filhos de Deus permanecem em julgamento impiedoso de si mesmo, elencando faltas e defeitos, dificuldades e frustrações, mantendo-se prisioneiros desse estado de inconformismo. A estes, o simples fato de se julgarem culpados e assumirem a culpa lhes basta, e com isso permanecem distantes da introspecção sadia que lhes possibilitaria libertação.

De nada adianta automartirizar-se nos caminhos do progresso sem se comprometer com a reparação da falta perante o amor e a reconstrução do bem.

A criatura só se liberta das algemas interiores através do autoperdão generoso, quando se conhece falível e também humano, e acolhe com humildade a necessidade do recomeço, buscando a reparação do mal pela afirmação do bem. Onde ontem houve ausência, hoje há que haver presença. Onde houve falta há que haver abundância.

Olha com amorosidade para a tua alma e, sem desdenhar tuas responsabilidades, aceita que o caminho do autoencontro é o do amor e não o da dor, necessariamente, abrigando em tua alma o autoacolhimento essencialmente misericordioso e responsável, assim como Deus olha para ti.

SEJA UM INSTRUMENTO DA VIDA

sê a carta viva do amor de Deus na vida daqueles que contigo convivem, aprendem e prosseguem na busca de paz

18

Alma querida, que foste chamada a aprender e servir com Jesus nas hostes do espiritismo cristão, abre os olhos do espírito e os ouvidos do coração, a fim de veres e escutares o chamado do Pai para tua vida.

Relaciona os aspectos científicos da magna ciência da alma, compreendendo os fenômenos que dizem respeito ao Espírito e sua íntima conexão com o corpo que o serve. No entanto, não deixes de atender ao chamado interior para a autoconsciência e a autossuperação.

Promove em ti mesmo o transe natural da entrega ao Senhor, fazendo de tua vida o testemunho vivo de dedicação e louvor à presença do Pai em ti. Escreve as linhas de amor que a vida te permitir. Incorpora os ideais renovadores que te transformem a existência. Fala a língua dos anjos por meio do compromisso com o verbo santificado, fazendo-te médium natural das forças superiores da existência.

À medida que te entregares a esse transe profundo de conexão completa com o Senhor, mais e mais encontrarás paz, alegria e serenidade a visitar teu coração e vida.

Sê, portanto, a renovação que anseias encontrar em teu ambiente e a carta viva do amor de Deus na vida daqueles que contigo convivem, aprendem e prosseguem na busca de paz. ●

PACIÊNCIA: CIÊNCIA DA PAZ

paciência é a ciência da paz consigo mesmo, com a vida e com o outro

19

19

A paciência é a virtude essencial à alma que deseja conectar-se com o seu destino e com a divina guiança.

Tudo na vida é impermanente e a urgência, quando não determinada pela vontade de seguir os caminhos da alma, representa perigo que o homem deve atentar.

A única urgência útil é a de servir sem limites na doação de si mesmo à vida. Tudo mais permanece como expressão dos conflitos e carências da alma que requisitam atenção, cuidado e autoconhecimento, bem como tempo para soluções.

Paciência é a ciência da paz consigo mesmo, com a vida e com o outro.

Fruto sadio nenhum tem o mesmo sabor quando temporão. Há que se respeitar o tempo da natureza e crescimento, desenvolvimento e transformação.

Deus age na vida de seus filhos com inigualável paciência, pois além de todo controle, possui a certeza de que todos atingirão o divino porto hoje ou amanhã.

Aprender, pois, a escutar o coração ao invés de se tornar escravo das emoções é recurso de sabedoria. Deus age silenciosamente promovendo transformações. E se souberes aguardar, encontrarás no tempo o que precisas, não necessariamente o que desejas, para tua felicidade.

O CORPO: TEMPLO DA ALMA

honra o vaso sagrado que te acolhe, preenchendo-o de conteúdo também sagrado, e encontrarás a base segura para a saúde do corpo e da alma

20

O corpo físico é o templo abençoado do Espírito que o abriga em jornada passageira de experiências e lutas.

Cuida de tua evolução moral, renovando as matrizes do pensamento e do sentimento, mas não olvides o cuidado com o corpo que te serve como abnegado veículo de expressão. Por meio dele, suas experiências se dilatam ou restringem no caminho do progresso.

Tudo que ocorre no físico tem repercussão no psiquismo e na vida espiritual. Dessa forma, a saúde orgânica é estímulo de benefícios também espirituais.

Honra o vaso sagrado que te acolhe, preenchendo-o de conteúdo também sagrado dos teus cuidados e construções espirituais, e encontrarás a base segura para a saúde do corpo e da alma.

O VALOR DAS PEQUENAS COISAS

não te encontrarás com as coisas grandiosas sem reconhecer nas pequenas coisas a assinatura de Deus no curso de tua vida

21

No decorrer de teus afazeres e atividades cotidianas, acalma a ansiedade exigente e a agitação tão frequentes nos dias hodiernos, a fim de te maravilhares com as coisas simples da vida.

Não te encontrarás com as coisas grandiosas sem reconhecer nas pequenas coisas a assinatura de Deus no curso de tua vida.

Do sorriso generoso e humilde à palavra amiga que te liberta de uma íntima opressão, tudo é recurso divino a serviço do amor.

As bênçãos da família e a grandeza de seus membros, ainda que imersos nas lutas cotidianas, é perfume de amor do Pai a sustentar os teus dias.

Determina-te a contemplar as belezas da vida e deixa a alegria nascer em teu coração na simplicidade das pequenas coisas que servem a Deus. •

PACIÊNCIA: MEDICAÇÃO PARA A ALMA

aguarda que o tempo e a misericórdia divina promovam o reequilíbrio de tua saúde física, moral e espiritual, por meio de teus esforços de autossuperação

22

nquanto demoras num leito de dor ou nos meandros escuros das lutas interiores, guarda a paciência como medicação segura para tua alma que caminha em direção à paz.

Assim como as lesões não foram estruturadas de uma só vez, também a cura requer tempo e persistência, curativos diários de perseverança a fim de se estabelecer. Recorre ao divino manancial da prece e abastece-te dos eflúvios sagrados que vertem do Alto, sobretudo do coração dos que te amam, a fim de retemperares em ti a força para a jornada.

Não há dor que não se cure, nem ferida que não cicatrize. As dores da alma, marcas do distanciamento da criatura em relação ao Pai, atestam um momento apenas de desconexão com a lei divina.

No entanto, a natureza do homem é a da plenitude na presença do Criador em si. Concentra-te nessa verdade e agasalha em teu coração a ciência da paz, aguardando que o tempo e a misericórdia divina promovam o reequilíbrio de tua saúde física, moral e espiritual, por meio de teus esforços de autossuperação. ●

PENSAMENTO E SAÚDE

concentra-te no bem falar, no bem pensar e no bem agir, haurindo do Alto, de Deus e da vida, as forças de vigor e sustentação dos ideais de renovação

23

23

Revigora os teus pensamentos nas fontes sagradas da prece e da inspiração. As células que compõem teu corpo obedecem ao influxo mental, associados às emoções que as comandam, direcionando-as para a saúde ou a doença.

Dessa forma, encontras no corpo físico e mental o resultado natural de tuas decisões presentes ou os efeitos de tuas decisões passadas. De toda forma, podes readestrar tuas células, reeducando-as para o bom funcionamento, por meio da redecisão do presente.

Concentra-te, pois, no bem falar, no bem pensar e no bem agir, haurindo do Alto, de Deus e da vida, as forças de vigor e sustentação dos ideais de renovação. Assim agindo, estarás, pouco a pouco, reconquistando a harmonia e saúde perdidas. Sem pressa e sem ansiedade, estarás construindo a saúde do corpo e da alma, vencendo a ti mesmo. Confia em Deus e faz a tua parte.

VIGIAI E ORAI

vigiai e orai, ensinava o Senhor, demonstrando que a vontade ativa da criatura se conjuga à intervenção misericordiosa do Alto, gerando força e sustento, equilíbrio e vigor na alma

24

A fim de evitares os dissabores das feridas da alma, guarda o pensamento e o sentimento em harmonia com os ideais superiores, albergando-se na fé, na oração e no perdão, realizando a profilaxia necessária das enfermidades morais.

Aguardar que a lesão se instale no terreno do coração ou dos relacionamentos é recusar a vigilância necessária que a vida espera de ti. Age enquanto a luz do dia te clareia a estrada, sem aguardar que as sombras da noite te perturbem os passos, dificultando a clareza do caminho a percorrer.

Vigiai e orai, ensinava o Senhor, demonstrando que a vontade ativa da criatura se conjuga à intervenção misericordiosa do Alto, gerando força e sustento, equilíbrio e vigor na alma em luta pelas conquistas do hoje, na construção de um futuro de harmonia e paz profundas e almejadas. •

SEU BRILHO PESSOAL

cada ser tem um plano específico de trabalho e ninguém está no mundo para se igualar ao outro, senão para superar a si mesmo no trajeto de individuação e despertar espiritual que lhe compete

25

25

Não disputes com ninguém a pretexto de construir a tua felicidade. A harmonia íntima não é patrimônio da supremacia sobre o outro, e teu valor essencial não se deve ao aplauso ou ao louvor que possas conquistar em virtude de teus feitos.

A serenidade da alma é fruto da paz da consciência perante teus deveres mais profundos. Pode ser que aqueles que te rodeiam estejam em momentos de conquista relativos ou feitos abençoados de seus esforços, ou ainda pode ser que estejam iludidos na fascinação do materialismo a exibir conquistas que não possuam, sustentando-se na superficialidade das aparências.

Se nas conquistas ou na alienação, cada um está na colheita do que elege para si mesmo. Para sua vida só importam as tuas decisões amadurecidas no tempo. Caminha, pois, em direção ao que é perene e honra teus compromissos com dedicação e amor, deixando à vida e sua sabedoria, os resultados.

Cada ser tem um plano específico de trabalho e ninguém está no mundo para se igualar ao outro, senão para superar a si mesmo no trajeto de individuação e despertar espiritual que lhe compete.

TUAS EMOÇÕES

*ouve a mensagem gerada no solo sagrado
de teu corpo a serviço de tua alma,
auscultando a tua natureza, a fim de que
o autoconhecimento se faça produtivo
e fecundo em teu caminhar*

Tuas emoções são termômetros naturais da ebulição orgânica e psicoespiritual que se processa em tua natureza. Representam movimentos que se fazem no mais profundo de ti mesmo e sinalizam os sentimentos que abrigas no coração, a partir de teu posicionamento na vida.

Ouve a mensagem gerada no solo sagrado de teu corpo a serviço de tua alma, auscultando a tua natureza, a fim de que o autoconhecimento se faça produtivo e fecundo em teu caminhar.

Viver ao sabor da emocionalidade da vida, sem atender ao chamado para a autopercepção é escravizar-se aos efeitos, sem conhecer as causas.

Pergunta a ti mesmo o móvel de tuas decisões e posturas, sem perderes tempo em julgar o comportamento alheio ou a ti mesmo.

A análise que auxilia e liberta é aquela que reconhece as forças, padrões e valores que norteiam a jornada, percebendo se o que ela representa é um caminho que o leva ao mais ou ao menos, ou seja, ao acréscimo ou à subtração de ti mesmo, e de tua dignidade como filho de Deus.

RENOVAÇÃO: LEI DA NATUREZA

a renovação é lei universal e a esperança é a linguagem natural que vibra em tudo atestando o amor de Deus

27

Repara a festa que se expressa na natureza a cada dia em renovação permanente. Após a noite escura que abriga o medo e o perigo, raia o sol que aquece e a luminosidade invade a vida iniciando um novo ciclo de possibilidades e realizações.

Faze parte, também, da natureza, e em tua alma se alternam os ciclos naturais a serviço do progresso a fim de te estimulares avante. Se hoje é noite em teu ser, requisitando calma, cuidado e introspecção, o amanhã é certeza do sol da alegria, do afeto, da partilha e da vida, anunciando o movimento em teu coração.

Honra o momento presente, aprendendo a ouvir a mensagem da vida em tua intimidade que permite que os ciclos se esgotem, reciclando emoções e sentimentos. A renovação é lei universal e a esperança é a linguagem natural que vibra em tudo atestando o amor de Deus.

SILENCIA E AGE

*cala a voz da lamentação improdutiva
que te neutraliza; converte teus dias
em atividade útil à coletividade*

28

Para a conquista do equilíbrio e da harmonia da alma, é imprescindível o aprendizado da oração santificada por meio do bem.

Apesar das provas acerbas que te visitam, aprende a abençoar a vida colocando em seus lábios o louvor a tudo o que o auxilia no processo educativo em direção a Deus.

Cala a voz da lamentação improdutiva que te neutraliza e ativa os recursos pacificadores que estão latentes em tua alma, aguardando o recurso da vontade, a fim de se expressarem em nome do amor.

Converte teus dias em atividade útil à coletividade, esquecendo um pouco de ti mesmo e ofertando à vida do próximo um pouco da paz e da leveza que desejas, a fim de que, auxiliando, sejas auxiliado, amando, sejas amado, e reencontre a harmonia interior pelos caminhos abençoados do amor.

TRABALHO: CAMINHO DE SAÚDE

*cuida para que tua vida seja preenchida
pelo trabalho útil e não se permita a
estagnação obsolente e adoecedora
que neutraliza as forças
da alma*

29

O trabalho é recurso de saúde na vida do homem. Qual a água, que necessita de permanente movimento a fim de não estagnar e apodrecer, agasalhando em seu seio os germens das doenças e dos desequilíbrios, o homem também necessita movimentar-se em direção ao serviço útil que lhe exercite a capacidade de pensar e sentir a serviço do bem, não somente por si, mas por todos.

Embora o trabalho seja fonte de recurso pecuniário que sustenta a vida, ele se ergue ante as forças estuantes do progresso, como bênção que beneficia a todos, renovando a sociedade.

Cuida para que tua vida seja preenchida pelo trabalho útil e não se permita a estagnação obsolete e adoecedora que neutraliza as forças da alma. Mas, antes, movimenta-te em direção ao serviço com respeito e honra àquilo que te sustenta o corpo e a vida. Sobretudo, confere-te a oportunidade de servir à vida em nome do bem maior. Há sempre um tempo em que é necessário calar as vozes da exigência e da insatisfação e deixar de ser pesado à vida, passando a servir.

Cada filho de Deus é um manancial infinito de luzes e benefícios espirituais, que se desenvolverão a partir do instante em que o ser disser, humildemente, na intimidade do coração: eis-me aqui, Senhor, usa-me a mim como teu instrumento de luz e paz para todos conforme determine a sua Sabedoria.

SORRIA PARA A VIDA

*a alegria sadia ou o humor
jovial é fonte de bênçãos*

30

Aprende a sorrir para a vida com bom humor, albergando na alma a capacidade de se alegrar com as pequenas conquistas de cada dia. Ninguém ou nada é tão importante que requisite de ti um estado de seriedade ou rabugice fechando-se para a alegria.

As lutas da vida são oportunidades de crescimento e aprendizado e aquele que sorri para a existência, louvando a Deus em cada passo do caminho, encontra leveza, fluidez e força para prosseguir.

A alegria sadia ou o humor jovial é fonte de bênçãos. Abandona, pois, a ilusão da importância pessoal e abriga na alma a capacidade de ser leve e flexível, pois que estas características auxiliam-te na resiliência essencial ao processo de cura do corpo e da alma.

O real valor do homem não está na aparente seriedade que requisite respeito, mas no afeto que conquista a satisfação do convívio e a gratidão como resposta aos teus comportamentos.

Olha para ti e para a vida com humildade e
a vida sorrirá para ti com leveza e vigor. •

MEDICAÇÕES SÃO BÊNÇÃOS DE DEUS

medicações são socorro de misericórdia que podem muito em seus efeitos; aprende a beneficiar-te delas com gratidão a Deus pelo socorro abençoado

31

Não desdenhes a medicação abençoada que te ofertam em favor do teu reequilíbrio. Há recursos infindáveis na natureza que são transformados em fórmulas socorristas que lhe podem amenizar o sofrimento e auxiliar o reequilíbrio.

O medicamento homeopático promove a rearmonização da energia vital desobstaculizando o fluxo da vida e da natureza individual, quando eleito pela lei de similitude, fazendo com que o sintoma se modifique ou desapareça em função do reequilíbrio interior.

O medicamento alopático beneficia o corpo orgânico, atuando sobre seus órgãos e sentidos, modificando a bioquímica celular, promovendo o alívio ou a modificação em função da ação específica nas áreas ou órgãos que lhe estão associados.

Também os fitoterápicos e outras fórmulas auxiliam no reequilíbrio de forma proveitosa. Sem dúvida, a cura é patrimônio do Espírito eterno que a consolida através dos movimentos de modificação dos padrões do pensamento e do sentimento. No entanto, as medicações são socorro de misericórdia que podem muito em seus efeitos.

Sem escravizar-te a elas na busca alienante de anestesia, ou sem desvalorizá-las na negação de seus efeitos, aprende a beneficiar-te delas com gratidão a Deus pelo socorro abençoado, sendo igualmente grato àqueles que se fazem instrumentos do Pai para que essas bênçãos cheguem à sua vida.

A lei natural é de misericórdia e a natureza serve ao homem, confiando-lhe recursos de força e vigor, alívio e estímulo, enquanto este consolida a cura na intimidade do coração. ●

CULPA E AUTOPERDÃO

*se te encontras diante de decisões equivocadas,
abriga na alma a humildade essencial que
te permita caminhar no rumo da oferta
do bem àqueles que feriste ou que te
feriram; começa perdoando-te*

32

A culpa, como responsabilização pessoal, é movimento natural que se segue aos feitos que afrontam os valores pessoais ou as leis naturais inscritas na consciência.

Quando segue o curso natural das leis divinas, manifesta-se na harmonia do arrependimento, que abre espaço para os movimentos de reparação e encontro com a paz. Já a culpa, que se manifesta como remorso, é escolha do indivíduo, fruto do orgulho, que lhe queima o coração como ferro em brasa, destruindo momentaneamente as possibilidades de elevação.

O remorso está na base de muitos processos de adoecimento e sustenta o movimento de autopunição, que aprisiona o ser em ciclos de dor e lamentação.

Se te encontras diante de decisões equivocadas perante teus caminhos e relações, abriga na alma a humildade essencial que te permita caminhar no rumo da oferta do bem àqueles que feriste ou que te feriram. Começa perdoando-te com generosidade, pois que o autoperdão não te isentará da responsabilidade, mas te livrará da autopunição desnecessária e sem nenhuma utilidade. No restabelecimento da paz, a lei de justiça não se conjuga sem a de misericórdia nos caminhos da vida.

Todos caem e se levantam múltiplas vezes na estrada do progresso, e filho de Deus algum se perderá, porque o amor é a força natural que sustenta a vida e guia o homem no tropismo em direção à luz da autorrealização no bem imortal.

Confia em Deus e na vida, prosseguindo humildemente, e a vida te socorrerá com a possibilidade de amar e servir, reparando o mal semeado por meio do amparo no bem, para tua felicidade. •

GRATIDÃO E CONFIANÇA

*semear esperança, a partir da gratidão
e da confiança, é construir um futuro
de realizações abençoadas*

33

33

O Evangelho é um brado de otimismo e esperança, a anunciar ao homem hodierno os valores imorredouros do amor, da fraternidade e da paz.

Os semeadores de esperança são convidados a viver o Cristo e sua mensagem de vida renovada e a testemunhá-lo, diuturnamente, através dos exemplos cristãos de amor, serviço e trabalho que possam proporcionar. A semeadura deve ser intensa, compromissada e sintonizada com uma mensagem de paz, acolhimento integral e afetividade.

Dois sentimentos básicos devem ser trabalhados no coração daqueles que desejam servir na nova era com desinteresse e efetividade: a gratidão e a confiança.

Gratidão é a essência da vida e testemunha o reconhecimento do manancial infinito de bênçãos que o homem recebe sem cessar. Gratidão é a postura de compreensão daquilo que é essencial e suficiente e que nutre o ser a partir da força de conexão à abundância da vida. Gratidão é a certeza de que a vida é generosa, farta e eficaz, guiada pela sabedoria infinita de um poder inteligente que a tudo governa com precisão e com conhecimento de causa, no nível individual e coletivo. Gratidão é a postura de abertura ao fluxo de abundância dos recursos divinos, multiplicando-os a serviço do bem e fazendo com que a semente recebida germine e frutifique. Gratidão é a força motriz da alma sintonizada com a vida.

Confiança é a entrega, certeza de que a vida, sempre generosa, trará a cada qual o necessário, no momento exato, a fim de suprir o caminhante dos elementos de trabalho, aprimoramento e crescimento que necessita. Confiança é a fiança conjunta do coração dos homens e do Pai, uma colcha tecida a quatro mãos que sustenta a teia infinita de oferta e recebimento, trabalho e realização. Confiança é a certeza de que a bondade soberana do Pai afiança as criaturas no caminho do progresso e a todos nutre na caminhada em direção ao cumprimento dos deveres.

Preparar os semeadores de esperança do futuro é nutrir o presente da certeza de que tudo está certo e adequado quando olhamos a vida sob o prisma da imortalidade da alma.

Semear esperança, a partir da gratidão e da confiança, é construir um futuro de realizações abençoadas, de entrega e serviço a uma sociedade carente da compreensão da divina bondade e sua guiança perfeita de tudo e de todos.

O evangelho é mais que um atestado da fé dos homens em Deus. É um atestado soberano da confiança e da fé de Deus nos homens. Cumpre ao homem segui-lo como um código sagrado do bem viver.

HOJE É UM NOVO TEMPO

honra a Deus a cada manhã com a humildade necessária, colocando-te à disposição, e ele te guiará com sabedoria para o recolhimento dos recursos essenciais que se fizerem imprescindíveis

34

Veja os dias que se iniciam radiosos e belos como o convite da vida às realizações superiores que almejas e necessitas. Embora o tempo se conjugue como sequência natural dos fatos e circunstâncias, a vida que se renova a cada dia se apresenta como uma folha em branco a aguardar que nela escrevas as linhas de amor das tuas preferências para a felicidade geral. Ao abrir novamente os olhos na cama, louva a Deus pelas oportunidades sempre abençoadas de fazer novamente ou diferentemente os esforços em prol das comunidades e de ti mesmo para a felicidade geral.

Analisa teu interior com coragem, reconhecendo as fontes de teus desejos, impulsos e sentimentos e inquire a tua consciência se algo necessitas fazer para colocar-te em sintonia com as vibrações naturais do amor e das leis divinas que organizam o universo. Levanta-te disposto a construir um novo tempo para tua alma, pois se a vida se repete dia após dia com suas decepções e alegrias, dificuldades ou conquistas, é porque mantém-te preso aos padrões de comportamento que aprendeste ou porque se renova diariamente, respectivamente.

Honra a Deus a cada manhã com a humildade necessária, colocando-te à disposição, e ele te guiará com sabedoria para o recolhimento dos recursos essenciais que se fizerem imprescindíveis.

CAMINHO PARA A CURA

a saúde se sustenta na força das potencialidades da alma e manifesta-se a partir da sintonia com a vida que vibra em si

35

Por detrás das patologias da mente e do coração, do corpo e da alma, ocultam-se movimentos profundos de amadurecimento e conexão com a vida que a tudo ordena.

Todo sintoma é linguagem que deseja ser ouvida na acústica silenciosa do coração a partir da atenção serena do ser na busca da cura profunda.

A saúde se sustenta na força das potencialidades da alma e manifesta-se a partir da sintonia com a vida que vibra em si.

Todo ser é manancial e se nutre da fonte maior a espargir bênçãos em nome do amor.

É justo olhar para as dores e sofrimentos a fim de aliviar e amparar, mas, no afã de obter a cura, é imperioso reconhecer que só a educação moral do ser humano, com o natural despertar das possibilidades de servir e amar com a entrega à guiança divina é que sedimenta o equílibrio interior e a serenidade da alma.

Deus fala na intimidade das criaturas por meio de suas leis perfeitas.

Ouvir sua mensagem na acústica da alma fazendo silêncio interior é recurso de sabedoria e paz para a felicidade. •

PÍLULAS DE ESPERANÇA

ESPER

*ingere todo dia pílulas sagradas
de esperança, por meio da fé*

ANÇA

pílulas de
ESPERANÇA

© 2013–2025
by Ame Editora

DIREITOS AUTORAIS
Associação Médico-Espírita de Minas Gerais
Rua Conselheiro Joaquim Caetano, 1162 — Nova Granada
30431-320 — Belo Horizonte — MG
31 3332 5293 — www.amemg.com.br

DIREITOS DE EDIÇÃO
Organizações Candeia Ltda.
CNPJ 03.784.317/0001-54 — IE 260.136.150.118
R. Minas Gerais, 1520 — Vila Rodrigues
15 801-280 — Catanduva — SP
17 3524 9801 — www.intervidas.com

EDIÇÕES

Ame
1.ª ed., 1.ª tir., Abr/2013, 5 mil exs.
1.ª ed., 2.ª tir., Ago/2014, 5 mil exs.
1.ª ed., 3.ª tir., Fev/2019, 2 mil exs.

InterVidas
1.ª ed., 1.ª tir., Mar/2025,
1,5 mil exs.

DIRETOR EDITORIAL
Andrei Moreira

CONSELHO EDITORIAL
Andrei Moreira, Grazielle Serpa,
Roberto Lúcio Vieira de Souza

Dados Internacionais de Catalogação na Publicação
[CIP BRASIL]

M838p
MOREIRA, Andrei [*1979]
Pílulas de esperança
Andrei Moreira, Espírito Dias da Cruz
Catanduva, SP: InterVidas, 2025
176 p. ; 11 × 15,5 × 1 cm

ISBN 978 85 60960 41 5

1. Esperança   2. Saúde   3. Espiritualidade
4. Emoções   5. Autoconhecimento
6. Desenvolvimento pessoal   7. Psicologia aplicada

I. Moreira, Andrei [1979–].   II. Espírito Dias da Cruz
III. Título

CDD 158.1   CDU 159.942

ÍNDICES PARA CATÁLOGO SISTEMÁTICO
1. Autoconhecimento : Desenvolvimento pessoal :
Psicologia aplicada   158.1

 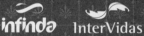

DIRETOR GERAL
Ricardo Pinfildi

DIRETOR EDITORIAL
Ary Dourado

ASSISTENTE EDITORIAL
Thiago Barbosa

CONSELHO EDITORIAL
Ary Dourado, Ricardo Pinfildi,
Rubens Silvestre, Thiago Barbosa

Impresso no Brasil   *Printed in Brazil*   Presita en Brazilo

COLOFÃO

TÍTULO
Pílulas de esperança

AUTORIA
Andrei Moreira
Espírito Dias da Cruz

EDIÇÃO
1.ª edição

EDITORA
InterVidas [Catanduva, SP]

ISBN
978 85 60960 41 5

PÁGINAS
176

TAMANHO MIOLO
11 × 15,5 cm

TAMANHO CAPA
11,2 × 15,5 × 1 cm
[orelhas 6 cm]

REVISÃO
Ademar Lopes Júnior

**CAPA, PROJETO GRÁFICO &
DIAGRAMAÇÃO ORIGINAL**
Leonardo Ferreira | Kartuno

CAPA ADAPTADA
Ary Dourado

**PROJETO GRÁFICO
ADAPTADO**
Ary Dourado

DIAGRAMAÇÃO
Ary Dourado

TIPOGRAFIA CAPA
(Emigre) Filosofia Bold
(ParaType) Bodoni PT-VF

**TIPOGRAFIA TEXTO
PRINCIPAL**
(Emigre) Filosofia Regular 11/14

TIPOGRAFIA TÍTULO
(ParaType) Bodoni PT-VF
Subhead Bold 22/28

**TIPOGRAFIA DADOS
& COLOFÃO**
(Emigre) Filosofia Bold 7/9

TIPOGRAFIA FÓLIO
(ParaType) Bodoni PT-VF Bold
9/14

MANCHA
67,2 × 111,9 mm 23 linhas
[sem fólio]

MARGENS
18,3 : 17,2 : 24,4 : 25,8 mm
[interna : superior :
externa : inferior]

COMPOSIÇÃO
Adobe InDesign 20
[macOS Sequoia 15.0.1]

PAPEL MIOLO
ofsete Sylvamo Chambril Book
75 g/m²

PAPEL CAPA
cartão Ningbo Fold CIS
250 g/m²

CORES MIOLO
1 × 1: Pantone 2259 U

CORES CAPA
4 × 1: CMYK × Pantone 2259 U

TINTA MIOLO & CAPA
Sun Chemical SunLit Diamond

PRÉ-IMPRESSÃO CTP
Kodak Trendsetter 800
Platesetter

PROVAS MIOLO & CAPA
Epson SureColor P6000

IMPRESSÃO
processo ofsete

IMPRESSÃO MIOLO
Komori Lithrone S40P
Komori Lithrone LS40
Heidelberg Speedmaster SM
102-2

IMPRESSÃO CAPA
Heidelberg Speedmaster XL 75

ACABAMENTO MIOLO
cadernos de 32 e 16 pp.,
costurados e colados

ACABAMENTO CAPA
brochura com orelhas, laminação
BOPP fosco, verniz UV brilho
com reserva

**PRÉ-IMPRESSOR &
IMPRESSOR**
Gráfica Santa Marta
[São Bernardo do Campo, SP]

TIRAGEM
1,5 mil exemplares

TIRAGEM ACUMULADA
13,5 mil exemplares

PRODUÇÃO
março de 2025

Infinda e InterVidas são selos editoriais
das Organizações Candeia

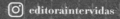

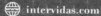

CONHEÇA AS OUTRAS OBRAS DO AUTOR

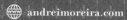 andreimoreira.com  @DrAndreiMoreira

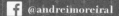 @andreimoreiral 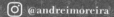 @andreimoreira

**ASSOCIAÇÃO MÉDICO-ESPÍRITA
DE MINAS GERAIS**

O autor cedeu integralmente os direitos
autorais à AMEMG para manutenção
de suas atividades assistenciais

Ótimos livros podem mudar o mundo.
Livros impressos em papel certificado
FSC® de fato o mudam.